Helmut Quakernack

Akkordeon -Spaß

mit Melodiebass

Ein fröhlicher Leitfaden zum Erlernen
des Melodiebass-Akkordeon

Band 2

für Knopf- und Piano-Akkordeon

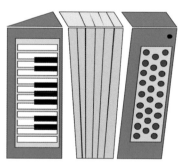

HOHNER

MH 15007
ISMN-M-2029-6173-5

T0070676

Impressum:

Bestellnummer: MH 15007
ISMN M-2029-6173-5
Illustrationen: Cliparts for You - Comix
CD-ROM Verlag Sonja Schütz, Ulm
© 2004 Hohner Verlag GmbH, Mainz
Printed in Germany

Vorwort

Im Band 2 liegt der Schwerpunkt in der Erweiterung des Tonumfanges, im Kennenlernen von neuen Taktarten, der Tempobezeichnungen und neuer Notenwerte.

Das Tonleiterspiel, sowohl im Fünftonraum als auch über eine Oktave, wird kontinuierlich über die Einführung der einfachen Dur- und Molltonarten gefestigt.

In moderneren Stücken werden weitere, neue Notationsformen geübt, zum Beispiel: Cluster, Vibrato, Luftgeräusche, Bellow Shake, Glissando.

In sinnvoller Weise ergänzen viele neue Spielstücke, wie Rockn' Roll, Cha Cha Cha, aber auch alte Tänze wie Menuett und Contredanse, dieses Heft und lassen das Akkordeonspielen auch in diesem Band zu einem Vergnügen werden.

Rätsel- und Malseiten komplettieren wiederum dieses Heft.

Band 2 kann beginnen ...

Viel Spaß !

Helmut Quakernack

Auf den Umschlagseiten befinden sich zwei Schautafeln für Knopf- und Piano-Akkordeon. Griffe und Tonlagen können so genauer erklärt werden.

Hier entstehen im Akkordeon die Töne:

Der Stimmstock

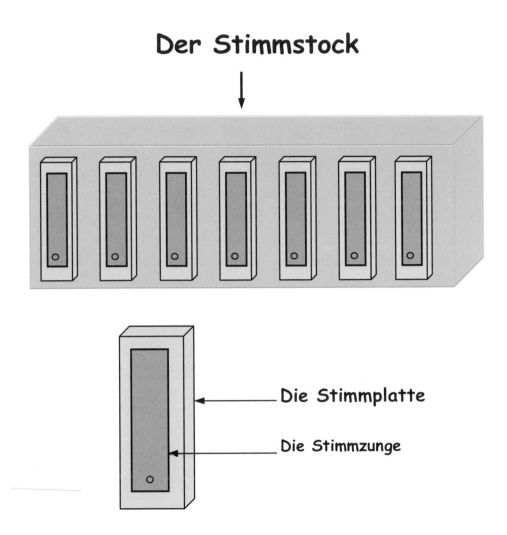

Die Stimmplatte

Die Stimmzunge

Im Akkordeon gibt es mehrere Stimmstöcke. Der **Stimmstock** ist aus Holz. Er hat auf jeder langen Seite rechteckige Löcher, auf der die **Stimmplatten** sitzen. Auf den Stimmplatten wiederum, fest vernietet, befinden sich die **Stimmzungen**. Die Stimmplatten und Stimmzungen sind aus Metall.

Wenn du beim Ziehen und Drücken des Balges die Luft an den Stimmzungen vorbei drückst, schwingen die Stimmzungen sehr schnell hin und her. Dann entsteht der Ton, den du hörst.

Wie heißen die verschiedenen Teile?
Hast du dir es gemerkt?

Inhalt

Spielstücke

Der Auftakt

Der Auftakt ist ein unvollständiger Takt, der sich mit dem Schlusstakt zu einem ganzen Takt ergänzt.

Trage die fehlenden Zählzeiten ein:

Noten-Memory Kennst Du alle diese Noten? Lese sie der Reihenfolge nach.

Oh, when the Saints

Spiritual
Satz: H. Q.

Auftakt

Oh, when the Saints   go march-in' in,

oh, when the Saints go march - in' in,

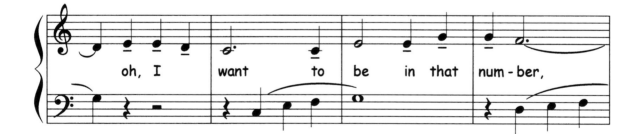

oh, I want to be in that num - ber,

oh, when the Saints go march - in' in.

© 2004 Hohner Verlag GmbH, Mainz

7

Die Klammern

Spiele zuerst die Klammer 1.) dann beginne von vorne und spiele in Klammer 2.) weiter.

Im Spaßbad

H. Q.

© 2004 Hohner Verlag GmbH, Mainz

Die alte Dampflok

sie zischt und qualmt ...

H. Q.

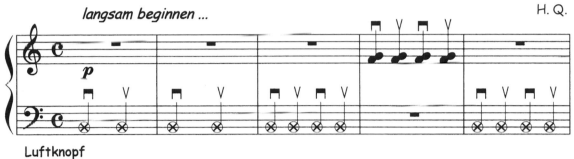

Luftknopf

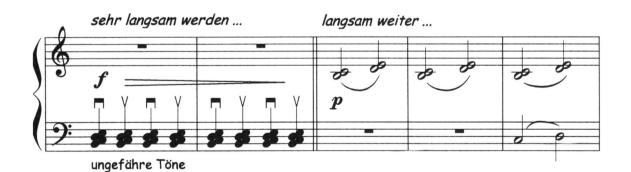

ungefähre Töne

© 2004 Hohner Verlag GmbH, Mainz

Der Renn-Wurm

Die Sechzehntel-Note

H. Q.

© 2004 Hohner Verlag GmbH, Mainz

Der Akrobat

H. Q.

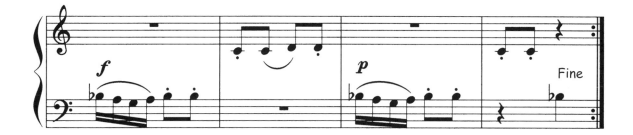

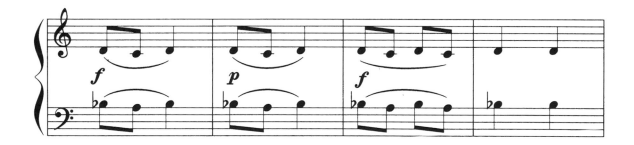

© 2004 Hohner Verlag GmbH, Mainz

Die punktierte Viertel-Note

Die punktierte Achtel-Note

Schreibe den Rhythmus unter die Notenzeile:

Frühlingsblume

H. Q.

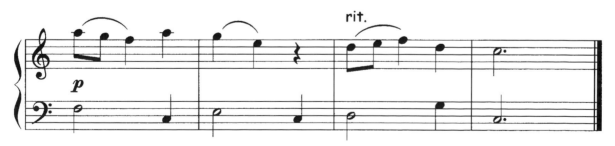

© 2004 Hohner Verlag GmbH, Mainz

Tempo-Bezeichnungen

Musik wird manchmal schnell, manchmal langsam und auch sehr schnell gespielt. Damit du weißt, wie schnell ein Stück sein soll, stehen am Anfang jetzt immer Tempobezeichnungen.

Zum Beispiel so:

Allegro ... das heißt *schnell* !

Spiele dieses Stück erst langsam und werde dann immer schneller:

Weitere Tempo-Bezeichnungen:

<u>Die wichtigsten heißen:</u>

Largo	= ruhig	**Accelerando**	= allmählich schneller werden
Adagio	= langsam	**Ritardando**	= allmählich langsamer werden
Andante	= gehend	**A Tempo**	= wieder im Anfangstempo spielen
Moderato	= mäßig bewegt		
Allegretto	= mäßig schnell		*Du wirst diese Worte in den*
Allegro	= schnell		*nächsten Stücken immer wieder*
Vivace	= lebhaft		*finden!*
Presto	= sehr schnell		

Dackel-Wackel-Menuett

Allegretto

H. Q.

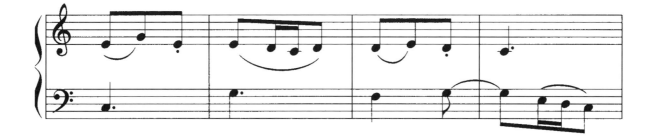

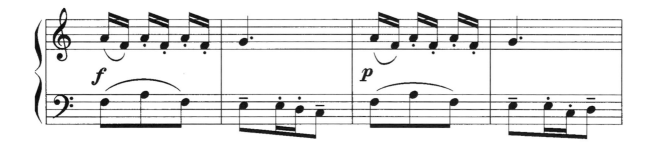

rit.

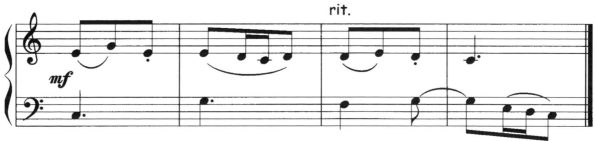

© 2004 Hohner Verlag GmbH, Mainz

Die G-Dur Tonleiter

F wird zu **Fis**

G-Dur Fünftonraum

G-Dur Oktave

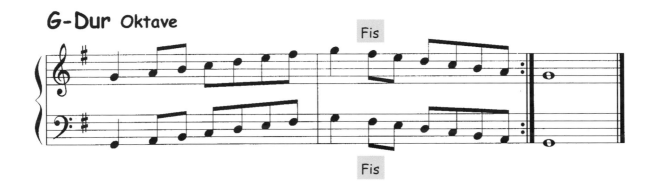

Fis

Fis

Eine kleine G-Dur Melodie

Überlege dir, wie du das Stück gerne spielen möchtest.
Laut oder leise? Kurz oder gebunden?

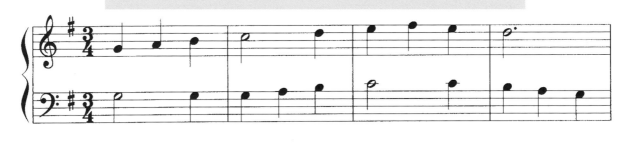

Der Kuckuck und der Esel ...

Volkslied
Satz: H. Q.

Andante

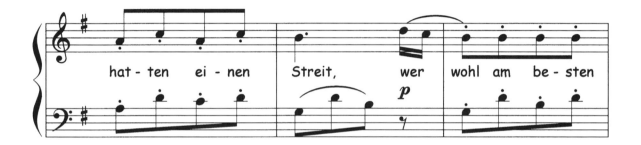

mf Der Kuk-kuck und der E - sel, die

hat - ten ei - nen Streit, wer wohl am be - sten

säng - ge wer wohl am be - sten sän - ge zur

schö - nen Mai - en - zeit, zur schö - nen Mai - en - zeit.

© 2004 Hohner Verlag GmbH, Mainz

Die D-Dur Tonleiter

F wird zu **Fis** und **C** zu **Cis**

D-Dur Fünftonraum

D-Dur Oktave

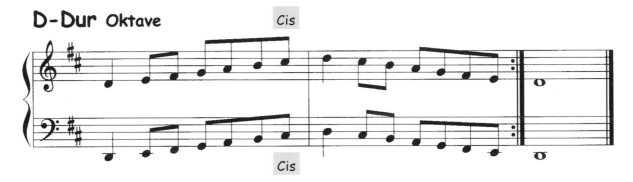

Eine kleine D-Dur Melodie

Spiele: legato, staccato, portato und **p** und **f**

Tanzt du mit mir ?

Menuett in D-Dur

Das Menuett ist ein alter französischer
Tanz im mäßig schnellen Dreivierteltakt.

H. Q.

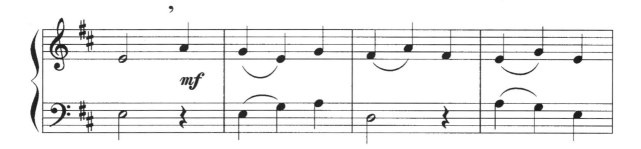

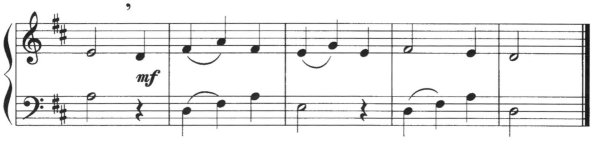

© 2004 Hohner Verlag GmbH, Mainz

Der Besentanz

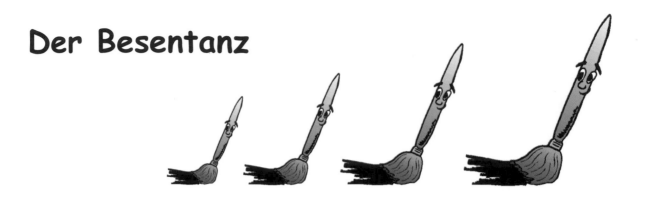

Allegretto

H. Q.

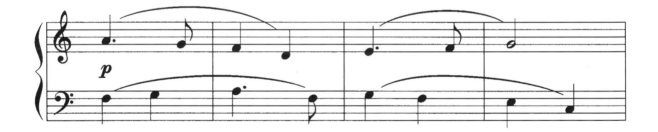

ritardando

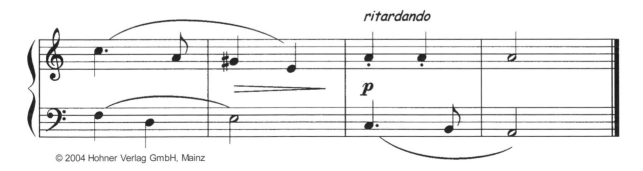

© 2004 Hohner Verlag GmbH, Mainz

20

Dino-Rock

Rockn' Roll

H. Q.

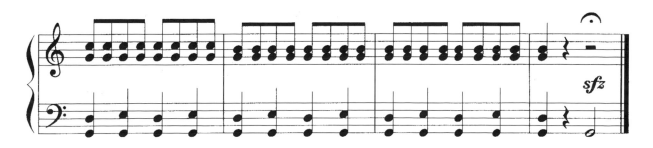

© 2004 Hohner Verlag GmbH, Mainz

Die F-Dur Tonleiter

H wird zu **B**

F-Dur Fünftonraum

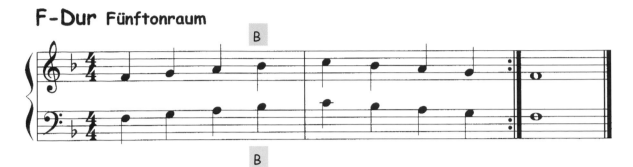

F-Dur Oktave

Eine kleine F-Dur Melodie

Erinnerst du dich an dieses Stück?

In welcher Tonart hast du es vorher gespielt?

Raupen-Marsch

Marschtempo

H. Q.

© 2004 Hohner Verlag GmbH, Mainz

Eine Maus im Haus ?

H. Q.

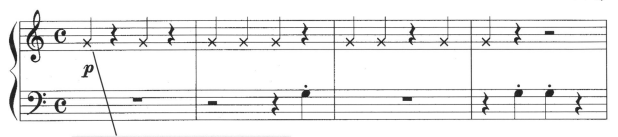

Auf den offenen Balg klopfen:

Glissando = *über die Tasten oder Knöpfe gleiten*

© 2004 Hohner Verlag GmbH, Mainz

Quiz-& Malseite

Schreibe eine eigene Melodie ...

... aus den vorhandenen Tönen und achte darauf,
dass immer 4 Schläge in einem Takt sind.

Was bedeuten diese Begriffe?

breit spielen	= Nr ____	1 Ritardando
schnell	= Nr ____	2 Presto
Übungsstück	= Nr ____	3 Portato
langsamer werden	= Nr ____	4 Etüde
gehend	= Nr ____	5 Mezzoforte
mittellaut	= Nr ____	6 Andante

Hier fehlen Pausenzeichen ...

... trage die fehlenden Pausenzeichen ein.

Geburtstagslied

Happy Birthday

Satz: H. Q.

mf Zum Ge - burts - tag viel Glück, zum Ge -

burts - tag viel Glück, zum Ge - burts - tag al - les

1.

Gu - te, zum Ge - burts - tag viel Glück. Zm Ge -

2.

burts - tag viel Glück.

© 2004 Hohner Verlag GmbH, Mainz

Can Can

Aus der Operette „Orpheus in der Unterwelt"

Jacques Offenbach

Satz: H. Q.

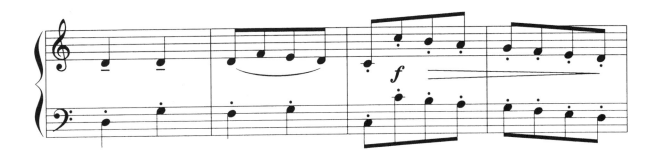

© 2004 Hohner Verlag GmbH, Mainz

Die a-moll Tonleiter

... hat keine Vorzeichen, die am Anfang stehen.

a-moll Fünftonraum

a-moll Oktave harmonisch

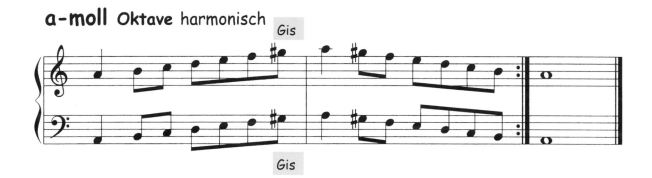

Eine kleine a-moll Melodie

Gebunden, kurz oder breit? Male deine Ideen in die Noten.

Menuett in a-moll

Johann Philipp Krieger (1649—1725)

Moderato

Satz: H. Q.

© 2004 Hohner Verlag GmbH, Mainz

Doppelgriff-Übungen

für die rechte und linke Hand

1

Spiele die Übungen sehr langsam. Die Töne müssen genau zusammen gespielt werden.

2

Seewellen-Walzer

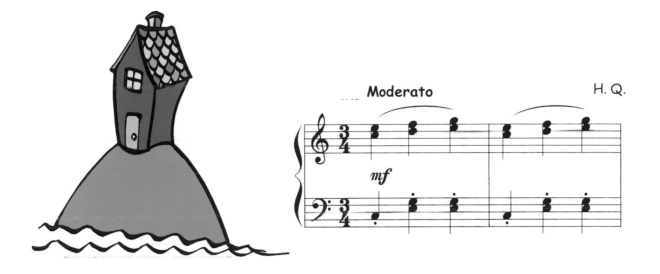

© 2004 Hohner Verlag GmbH, Mainz

Oh, my Darling

Hast du Lust, dieses Lied einmal
auswendig zu spielen. Es ist gar nicht
so schwer. Versuche es einfach!

Amerikanisches Volkslied

Satz: H. Q.

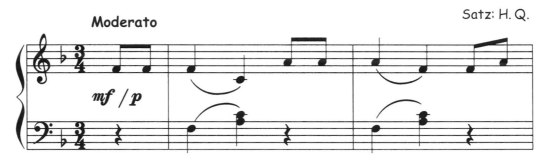

© 2004 Hohner Verlag GmbH, Mainz

Wieviele Vorzeichen hat dieses Stück? ....

In welcher Tonart steht dieses Stück? ....

Oh, Susanna

Im Wilden Westen

Amerikanisches Volkslied

Satz: H. Q.

Allegro

| Wieviele Vorzeichen hat dieses Stück? | .... |
| In welcher Tonart steht dieses Stück? | .... |

© 2004 Hohner Verlag GmbH, Mainz

Verschiedene Taktarten

Wiederholungen und neue Taktarten

3/8 Takt

6/8 Takt

5/8 Takt

Der Hahn

Presto

Ki-ke-re-kiii!

A

H. Q.

© 2004 Hohner Verlag GmbH, Mainz

Die B-Dur Tonleiter

H wird zu B und E zu Es

B-Dur Fünftonraum
Der Violin- oder G-Schlüssel in der linken Hand

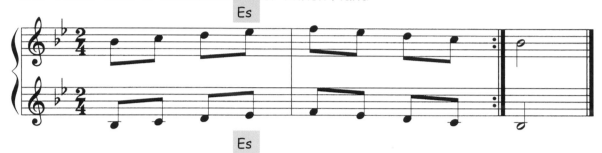

B-Dur Oktave

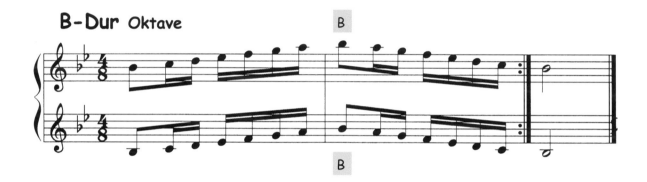

Eine kleine B-Dur Melodie

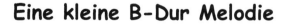

Jogging im Wald

H. Q.

© 2004 Hohner Verlag GmbH, Mainz

Klänge

Ausführungsanleitung

———— 4' ———— = Tonfolge in 4 Sekunden spielen

Töne liegen lassen

8va
loco

8va = acht Töne höher spielen als aufgeschrieben

loco = in notierter Tonhöhe spielen

Cluster = Töne mit der Faust oder der flachen Hand in ungefährer Tonhöhe spielen

= schnelle Tonfolge in freiem Tempo in ungefährer Tonhöhe

Vibrato = Hand auf den Diskantrahmen legen und durch Schwingen ein Tonvibrato erzeugen

Klänge

Adagio

H. Q.

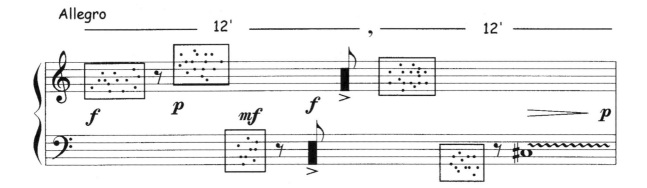

Allegro

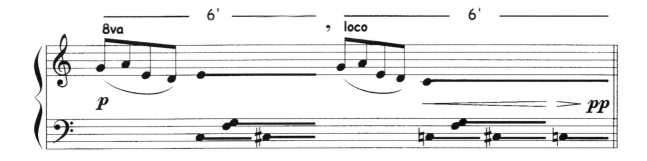

molto ritardando

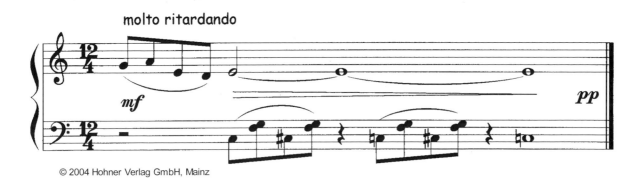

© 2004 Hohner Verlag GmbH, Mainz

Der Flohwalzer

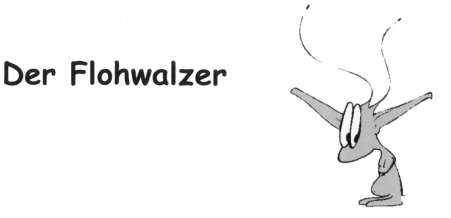

Allegretto

Satz: H. Q.

© 2004 Hohner Verlag GmbH, Mainz

Simsalabim
4 und 3 im Sinn

Moderato

H. Q.

FINE

Accelerando
= schneller werden

Da Capo al Fine

© 2004 Hohner Verlag GmbH, Mainz

Die d-moll Tonleiter

Aus **H** wird **B**

d-moll Fünftonraum

d-moll Oktave harmonisch

Eine kleine d-moll Melodie

Spiele links *legato* und rechts *portato*

Contredanse

Anonymus (Frankreich)

Satz: H. Q.

© 2004 Hohner Verlag GmbH, Mainz

Notenecke & Worträtsel

Wie heißen die Töne ?

Schreibe die Notennamen auf die Linien und male
die Töne eine Oktave tiefer in die untere Zeile.

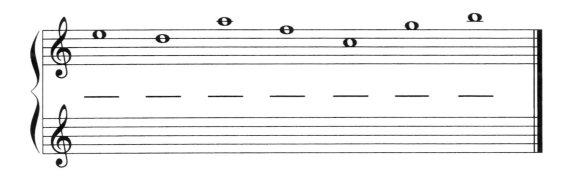

Musikwort-Rätsel

In einer der senkrechten Zeilen hat
sich ein bekanntes Tier versteckt !

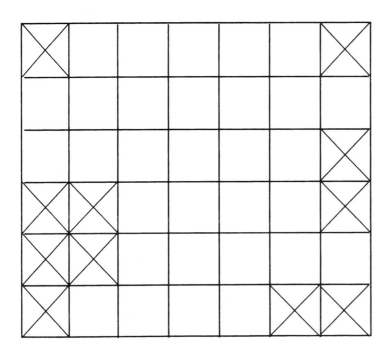

_____

Name des Tieres

1 Übungsstück

2 Ruhepunkt

3 sehr schnell

4 Musikabschnitt

5 Vorzeichen #

6 Tonart: Dur und ?

Swanee River

Amerikanische Volksweise

Satz: H. Q.

Fermate = *Ruhepunkt*

© 2004 Hohner Verlag GmbH, Mainz

Cha Cha Cha - Uh !

H. Q.

Allegretto

Cha-Cha
sprechen:

Uh !!

© 2004 Hohner Verlag GmbH, Mainz

Let's dance

Rockn' Roll Tempo

H. Q.

© 2004 Hohner Verlag GmbH, Mainz

Mondschein-Lied

H. Q.

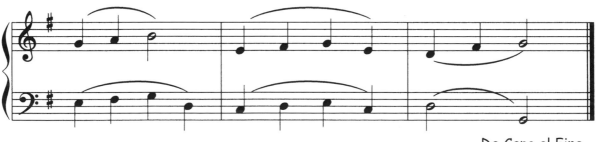

Da Capo al Fine

© 2004 Hohner Verlag GmbH, Mainz